W0069989

SEMERKAND

Köln 2013

SEMERKAND

info@erolmedien.de

ISBN: 978-3-95707-002-9

Autor: S. MUBAREK EROL

Lektorat und Grafik: EROL Medien GmbH

Übersetzt aus dem Original
(Muhabbet Peteği)
von Yusuf Kenan Yelesen

Erstauflage

Druck:

Pasifik Ofset
İstanbul 2013

Titelbild Fotolia.com: bee© Alekss und
Frangipani Tropical Spa Flower. Plumeria. Border Design© Subbotina Anna

Erol Medien GmbH
Kölner Str. 256
51149 Köln

Tel: +49 (0) 2203/ 36 94 90
Fax: +49 (0) 2203/ 3 694 910

E-Mail: info@erolmedien.de
Web: www.erolmedien.de
www.semerkandonline.de

DIE WABE DER LIEBE

S. MUBAREK EROL

Inhaltsverzeichnis

Erläuterung der Segenswünsche

Es ist guter Brauch der Muslime, dem Gesandten Muhammed Mustafa☫, den Propheten☫, den Gefährten☫, der nachfolgenden Generation☫ und den Ewliya☫ (Gottesfreunden) Hochachtung und Liebe entgegenzubringen, indem wir sie mit unseren Segenswünschen und Bittgebeten beschenken. Schon die Gefährten☫ pflegten den Brauch, den Propheten Muhammed☫ mit Segenswünschen zu beschenken. Dieser Brauch wurde vom Erhabenen Allah im Edlen Quran folgendermaßen vorgegeben:

„Wahrlich sprechen Allah und Seine Engel Segenswünsche auf den Propheten (Muhammed). O ihr die ihr glaubt! So sprecht (auch) ihr auf ihn Segenswünsche und wünscht ihm Frieden!"

(El-Ehsab 33/56)

Auch die Segenswünsche auf die Gefährten☫ gehen auf einen Quranvers zurück:

„Die Vorangehenden, die ersten der Auswanderer und der Helfer und jene, die ihnen auf die beste Art gefolgt sind – mit ihnen ist Allah wohlzufrieden!"

(Et-Tewbe 9/100)

Die Bittgebete auf Muslime der nachfolgenden Generation, auf die großen Gelehrten und Ewliya gehören ebenfalls zu den Anstandsregeln der Ehlu Sunneh wel Dschema'ah.

Diese Segenswünsche und Bittgebete lauten folgendermaßen:

Nennt man den Namen des Gesandten Muhammedﷺ oder erwähnt man ihn, bevorzugt man den Ausspruch: „Salla Allahu aleyhi we sellem" („Allahs Segen und Friede sei auf ihm").

Nennt man den Namen eines oder mehrerer Propheten﷿, bevorzugt man den Ausspruch: „Aleyhi/Aleyhima/Aleyhim Selam" (Friede sei mit ihm/den beiden/ihnen").

Nennt man den Namen eines oder mehrerer der Gefährten⬥ , spricht man: „Radiya Allahu anhu/anha/anhuma/anhum/anhunne" (Möge Allah mit ihm/ihr/den beiden/ihnen zufrieden sein").

Nennt man den Namen eines oder mehrerer Mitglieder der nachfolgenden Generation⬥ oder eines großen Gelehrten oder mehrerer großer Gelehrter⬥, spricht man: „Rahimehu/Rahimeha/Rahimehuma/Rahimehum/Rahimehunne Allahu" („Allahs Barmherzigkeit mit ihm/ihr/den beiden/ihnen").

Nennt man den Namen eines Weli﷿ (Gottesfreund) oder mehrerer Ewliya﷿, dann spricht man: „Qaddes Allahu Sirrahu/Sirraha/Sirrahuma/Sirrahum/Sirrahunne" („Möge Allah sein/ihr/beider/ihr Geheimnis heiligen").

VORWORT

Dass der Islam die Religion der Freundschaft und der Liebe ist, erkennt man schon allein daran, dass Allah der Allmächtige der Allmächtige Seinen Gesandten Muhammed mit „Mein Geliebter" und Seinen Gesandten Ibrahim mit „Mein Freund" anspricht. Darüber hinaus hebt Allah der Erhabene das Prinzip der Freundschaft auch dadurch hervor, dass Er Seinen Gesandten andere Gesandte oder fromme Persönlichkeiten zur Seite stellte, damit diese sie bei der Verkündigung der göttlichen Botschaft freundschaftlich unterstützten.

Auch die Altvorderen lobten das freundschaftliche Beisammensein der Gläubigen und tadelten jene, die sich von der Gemeinschaft zurückzogen:

„Das Alleinsein ist eine Eigenschaft, die einzig und allein dem Erhabenen Allah zusteht."

Das bedeutet, dass einzig und allein Allah der Erhabene über die Fähigkeit verfügt, unabhängig von Seinen Geschöpfen zu handeln und zu existieren. Und noch wichtiger als das: Nur Er hat das Recht dazu! Wir Sterblichen wurden hingegen als Gemeinschaftswesen erschaffen. Wir können unser Leben und unsere Religion nur auf dem Weg der Liebe und Freundschaft zum Erblühen bringen und nur auf diesem Wege zum Segen unseres Umfelds gereichen.

Die Muslime sind zweifelsohne gute Menschen. Wären sie nicht gut, wären sie nicht mit der Gottesgabe des Glaubens gesegnet worden. Nur die Durchtriebenheit des *Nefs* (die Triebseele) und die Hinterlist des *Scheytans* (der Teufel) können ihre brüderlichen Gefühle zueinander beeinträchtigen oder zerstören.

Wer seine muslimischen Brüder liebt, verfällt nicht in Arroganz. Er schaut nicht auf die Fehler der anderen, sondern hat stattdessen seine eigenen Fehler vor Augen. Er tritt stets bescheiden und demütig auf. Durch dieses Auftreten erlangt er das Wohlwollen Allahs des Allmächtigen, und dies führt wiederum dazu, dass ihm seine Sünden vergeben werden. Wenn sich ihm (nachdem er seine Sünden bereut hat) erneut die Möglichkeit zum Sündigen bietet, hindern ihn sein Getragensein in der Gemeinschaft und der Beistand seiner Freunde daran, schwach zu werden. So lässt er sich in seiner aufrichtigen *Tewbeh* (die Reue) nicht erschüttern.

Mit der Zeit wird er Gewissheit darüber erlangen, dass Freundschaften, die für das Wohlgefallen Allahs des Erhabenen geschlossen wurden, ewig bestehen bleiben. Am Tage der Auferstehung wird er dann seine Brüder unter dem Schatten des göttlichen Throns wiedertreffen und in die Arme schließen dürfen.

Der Begriff *Sahabeh* leitet sich von dem Begriff *Suhbeh* her. Dies bedeutet Freundschaft, Kameradschaft und brüderlicher Umgang miteinander. Die Weggefährten⚜ des Gesandten Allahs⚜ werden als *Sahabeh* bezeichnet, weil sie uns vorgelebt haben, wie wahre Freundschaft auszuse-hen hat. Das vorrangige Ziel der Wabe der Liebe ist es, die *Sahabeh*☙ in ihrem brüderlichen Verhalten nachzuahmen. Wir sollten uns fest vornehmen, die Flamme der Liebe, die die *Sahabeh*☙ bei ihrer Auswanderung nach Medina und auf den Schlachtfeldern von Bedr, Uhud und anderswo ent-zündet haben, am Leben zu halten.

DIE WABE DER LIEBE

Die Liebe ist das Elixier des Lebens

Sowohl das Jenseits als auch das Diesseits sind auf dem Fundament der Liebe errichtet. Ihre Ausgestaltung ist von der Liebe abhängig. Liebe führt zur Glückseligkeit des Einzelnen und zu Harmonie innerhalb der Familien. Liebe ist die Basis jeder Gesellschaft und jedes gesellschaftlichen Handelns. Ein funktionierendes Erziehungssystem ist ohne Liebe genauso wenig vorstellbar wie ein geregeltes Wirtschaftsleben und das Ineinandergreifen der verschiedenen gesellschaftlichen Kräfte, von der obersten Führungsebene bis hinab zum einfachen Arbeiter.

Alle Dinge, in die keine Liebe investiert wurde, sind für uns wertlos. Ohne Liebe ist weder ein spirituelles noch ein materielles Leben denkbar. Liebe ist für unser Überleben genauso wichtig wie das Wasser für einen Fisch. Sie ist überlebenswichtig!

Wer seine Liebe verliert, der verliert auch seine Glückseligkeit und die Lust am Leben. Dies kann soweit führen, dass manch einer, der seine Liebe verloren hat, sogar an Selbstmord denkt. Ehepartner, die die Liebe zueinander verloren haben, streiten sich oft und trennen sich am Ende vielleicht sogar. Die Schüler von lieblosen Lehrern haben keinen schulischen Erfolg und die Kinder von lieblosen Eltern werden zu Problemkindern.

Auch der Glaube und der Gottesdienst sind ohne Liebe nicht denkbar. Dabei ist der Glaube aus der Liebe zu Allah dem Erhabenen und Seinem Gesandten Muhammed zusammengesetzt. Wer den Propheten Muhammed nicht liebt, der glaubt nicht; es kann keinen Gläubigen geben, der ihn nicht liebt.

Der Gesandteﷺ sagte dazu:

„Bei Dem, in Dessen Hand mein Leben liegt! Keiner von euch glaubt, bis ich ihm lieber bin als sein Vater und sein (eigenes) Kind!"[1]

---

1   Bukhari: Iman, 8 (13)

Genauso verhält es sich mit dem Gottesdienst: Wer betet, fastet, Allahs des Erhabenen gedenkt und seinen Gottesdienst verrichtet, der liebt all diese Handlungen. Wäre dies nicht so, dann würde er sich mit etwas anderem beschäftigen.

Imam Er-Rabbani قدس سره sagte dazu:

„Die Liebe Allahs des Allmächtigen zeigt sich in dem ehrwürdigen Gesandten ﷺ. Der Grund der Schöpfung ist die göttliche Liebe. Allah der Allmächtige wollte seine Herrschaft und Schönheit offenbaren. Deswegen hat Er alle Dinge erschaffen. ,Ich war ein verborgener Schatz. Dann wollte Ich erkannt werden. Also erschuf Ich die Geschöpfe, um erkannt zu werden.'[2] Die Dinge sind nicht aus dem Zwang heraus erschaffen worden, sondern wurden vielmehr aus reiner Liebe heraus ins Leben gerufen. Der Erste, den diese Liebe berührte, ist auch der Liebste unter den Geschöpfen. Denn unter allen Geschöpfen liebt Allah der Allmächtige den ehrwürdigen Muhammed ﷺ am meisten."[3]

Man sieht also, dass sowohl das Jenseits als auch das Diesseits auf dem Fundament der Liebe errichtet sind. Wäre diese Liebe nicht vorhanden, dann gäbe es keinen Gottesdienst, keine Familie, keine Jugend, keine Individualität und keine Bildung. Alles würde zugrunde gehen und seine Schönheit verlieren.

---

2   vgl. Adschluni: Keschful Khafa', 2014
3   vgl. Imam Er-Rabbani: Mektubat, 121. Brief

Es ist die Aufgabe der Wabe der Liebe, die wahre Liebe in den Herzen der Menschen zum Erblühen zu bringen. Nur so können sie zu ihrem Glück im Diesseits und im Jenseits finden, und nur so können sie das Wohlgefallen Allahs des Erhabenen erlangen.

In einer Zeit, in der es selten geworden ist, dass dem Stürzenden zur Seite gestanden wird, will die Wabe der Liebe bereits ihre helfende Hand reichen, bevor sich ein Absturz ereignet. Sie möchten sich nicht der Mentalität vieler moderner Menschen anschließen, die, wenn etwas passiert, mit den Schultern zucken und sagen: „Was geht mich das an? Das interessiert mich doch nicht!" Im Gegenteil möchten sie den Bekümmerten Trost spenden, ihr Leid teilen und so – nach dem Motto „Geteiltes Leid ist halbes Leid" – ihren Kummer verringern. Sie möchten aktiv daran mitwirken, dass die Bekümmerten ihr verlorenes Glück wiederfinden und wieder Lust am Leben bekommen.

Die Wabe der Liebe will dem Menschen seinen Wert zurückgeben

Der Mensch ist ein wertvolles Geschöpf, weil ihm Allah der Erhabene einen hohen Wert beigemessen hat. Er hat ihm unter all Seinen Geschöpfen eine besondere Stellung eingeräumt und ihm große Gnade erwiesen. Dies geht aus den beiden folgenden Quranversen deutlich hervor:

„ Und wahrlich haben Wir die Kinder Adams geehrt und Wir trugen sie übers Land und übers Meer, und Wir versorgten sie mit guten Dingen und Wir zogen sie vielen Unserer Geschöpfe vor. "

(El-Isra' 17/70)

„ Wahrlich, Wir haben den Menschen in schönster Gestalt erschaffen. "

(Et-Tin 95/4)

Nächstenliebe bedeutet, den hohen Wert des Menschen, den ihm Allah der Allmächtige zugesprochen hat, zu erkennen und anzuerkennen. Es ist unser aller Pflicht, alles als wertvoll zu erachten, dem Allah der Allmächtige einen Wert beigemessen hat.

Die folgende Hadithul Qudsi zeigt, welch hohen Wert unser Schöpfer dem Menschen beimisst:

Ebu Hureyrah ﷺ berichtet: „Der Gesandte Allahs ﷺ sagte:

„Allah der Mächtige und Majestätische spricht am Tag der Auferstehung: ‚O Sohn Adams! Ich war krank, doch du besuchtest Mich nicht!' Er antwortet: ‚O Herr! Wie könnte ich Dich denn besuchen, wo Du doch der Herr aller Welten bist?' Er antwortet: ‚Wusstest du etwa nicht, dass Mein Diener Soundso krank war? Du hast ihn nicht besucht. Wusstest du denn nicht, dass du Mich bei ihm vorgefunden hättest, wenn du ihn besucht hättest!'

‚O Sohn Adams! Ich bat dich um Speise, doch du speistest Mich nicht.' Er sprach: ‚O Herr! Wie könnte ich Dich denn speisen, wo Du doch der Herr aller Welten bist?' Er sprach: ‚Wusstest du denn nicht, dass mein Diener Soundso dich um Speise bat? Doch du speistest ihn nicht. Wusstest du denn nicht, dass du ihn [den Lohn für diese Wohltat] bei Mir vorgefunden hättest, wenn du Meinen Diener Soundso gespeist hättest?'

‚O Sohn Adams! Ich bat dich, Mir zu trinken zu geben, doch gabst du Mir nichts zu trinken!' Er sprach: ‚O Herr! Wie könnte ich Dir zu trinken geben, wo Du doch der Herr aller Welten bist?' Er sprach: ‚Mein Diener Soundso bat dich um etwas zu trinken, doch gabst du ihm nichts zu trinken. Hättest du ihm zu trinken gegeben, hättest du ihn [den Lohn für diese Wohltat] bei Mir vorgefunden!'"[4]

Allah der Erhabene stellt den Dienst an Seinem Diener mit dem Dienst an Ihm und die Vernachlässigung des Dienstes an Seinem Diener mit der Vernachlässigung des Dienstes an Ihm auf eine Stufe.

Der ehrwürdige Gesandte Allahsﷺ sagte dazu:

„Der beste der Menschen ist der, der den Menschen den größten Nutzen bringt."[5]

---

4   Sahih Muslim: Birr we Sileh, 13 (6721)
5   Ali El-Mutteqi: Kenzul Ummal, 43065

Kein Mensch ist dazu in der Lage, sein Leben alleine zu meistern und die damit verbundenen Schwierigkeiten alleine zu bewältigen.

Von der Wiege bis zur Bahre sind die Menschen auf die Unterstützung ihrer Mitmenschen angewiesen. Um ihr Leben leben zu können, brauchen sie andere Menschen. Darum schließen sie sich zu Gemeinschaften zusammen. Das Wohl und Wehe innerhalb der Gemeinschaften hängt wiederum von der Liebe ihrer Mitglieder zueinander ab. Je stärker diese Liebe ist, umso wohler fühlt sich die Gemeinschaft. Ein Leben ohne Liebe ist hingegen freudlos, lustlos, leblos und eine Qual für alle Beteiligten.

Obwohl sich der ehrwürdige Gesandte Adam عليه السلام im Paradies aufhielt, sehnte sich sein Herz nach der Gesellschaft einer Partnerin. Daraufhin erschuf Allah der Erhabene unsere ehrwürdige Mutter Hawa'.

Die Wabe der Liebe trägt zur ehrenvollen Aufnahme im Jenseits bei

Einigen Menschen werden die überwältigenden Ereignisse des Jüngsten Tages erspart bleiben.

Bin Umer رضي الله عنه überliefert dazu, dass der Gesandte Allahs ﷺ sagte:

„Am Tag, an dem die Menschen vor dem Herrn der Welten stehen werden, wird einer von ihnen bis zur Hälfte seiner Ohren in seinem eigenen Schweiß stehen."[6]

Ebu Hureyrah überliefert, dass der Gesandte Allahsﷺ sagte:

„Die Menschen werden am Tag der Auferstehung solange schwitzen, bis ihr Schweiß auf der Erde 70 Ellen erreicht haben wird. Dann wird (der Schweiß) bis zu ihren Mundwinkeln und ihren Ohren reichen."[7]

Der Gesandteﷺ sagte ebenfalls:

„Die Menschen stehen (am Tag des Gerichts) 40 Jahre vor dem Herrn der Welten und erwarten mit zum Himmel gerichtetem Blick ihre Aburteilung, bis sie, wegen der Heftigkeit ihrer Sorge, von ihrem eigenen Schweiß verschluckt werden."[8]

Am Jüngsten Tage werden jene, die sich im Diesseits gegenseitig für das Wohlgefallen Allahs des Erhabenen geliebt haben, die Sorgen und Qualen nicht so heftig empfinden wie die anderen Menschen.

Ebu Idris el-Khawlani﵁ sagte zu Mu'adh Bin Dschebel﵁

---

6   Bukhari: Riqaq, 47 (6166)
7   Bukhari: Riqaq, 47 (6167)
8   Taberani: Mu'dschemul Kebir, 9/361 (9649)

„Wahrlich, ich liebe dich für (das Wohlgefallen) Allahs!"

Mu'adh antwortete ihm: „Vernimm frohe Kunde! Nochmal: Vernimm frohe Kunde! Denn wahrlich hörte ich den Gesandten﷽ sagen: ,Für eine (bestimmte) Gruppe von Leuten sind am Tage des Gerichts Sitze reserviert. Diese wurden um den Thron Allahs herum aufgestellt. Ihre Gesichter sind wie der Mond in einer Vollmondnacht; die Leute werden sich (an jenem Tage) fürchten, sie aber werden sich nicht fürchten, die Leute werden (an jenem Tage) verängstigt sein, sie aber werden nicht verängstigt sein. Dies sind die Gottesfreunde, die weder Angst noch Kummer kennen.'

Da wurde er gefragt: ,Wer sind denn diese, o Gesandter Allahs﷽?'

Er antwortete: ,Dies sind jene, die sich gegenseitig für Allah den Erhabenen lieben.'" [9]

,Am Tage der Auferstehung werden um den göttlichen Thron für einige Menschen Podeste aufgebaut. Ihre Gesichter leuchten wie der vierzehnte Tag des Mondes. An diesem Tage sind alle Menschen besorgt, sie aber nicht. Alle Menschen haben etwas zu befürchten, sie aber nicht. Sie gehören zu den angstfreien und sorglosen Freunden Allahs.' Als man unseren Gesandten Allahs﷽ fragte, wer diese Personen seien, sagte er:

---

9   Ahmed: 5/328

‚Es sind Personen, die sich für Allah, den Allmächtigen lieben.'"[10]

Die Angehörigen der Wabe der Liebe lieben sich nur für das Wohlgefallen Allahs des Erhabenen. Deshalb werden sie als Gäste am göttlichen Thron ihres Herrn empfangen werden. Dies ist eine Ehre, die nur jenen zuteilwird, die sich gegenseitig für das Wohlgefallen Allahs des Erhabenen lieben. In einer Hadith heißt es dazu folgendermaßen:

„Wahrlich befinden sich [die paradiesischen Wohnstätten] jener, die sich gegenseitig für das Wohlgefallen Allahs lieben, auf einer Säule aus roten Rubinen. Auf dem oberen Ende dieser Säule befinden sich 70.000 Zimmer. Wenn sie auf die Bewohner des Paradieses herabblicken, erhellt ihre Schönheit das Paradies, so wie die Sonne die Bewohner der Erde erhellt. […] Sie tragen Gewänder aus grüner Seide. Auf ihrer Stirn steht geschrieben: ‚Dies sind jene, die sich für Allah den Erhabenen gegenseitig liebten.'"[11]

Die Wabe der Liebe will dafür Sorge tragen, dass wir am Tag der Auferstehung mit dem Schriftzug „Dies sind jede, die sich für Allah den Erhabenen gegenseitig liebten" auferstehen. Wer diesen Schriftzug auf seiner Stirn trägt, kann sich am Tag der Auferstehung entspannt zurücklehnen, denn er wird, mit dem Wohlgefallen Allahs des Erhabenen, unbehelligt ins Paradies einkehren dürfen.

---

10 Ebu Dawud: Buyu', 78
11 Ali El-Muttaqi: Kenzul Ummal, Nr. 24707

Der Gesandte Allahsﷺ sagte:

„Um den Thron (Allahs) herum stehen Hochsitze aus Licht. Auf ihnen sitzen Leute, die in Kleidung aus Licht gekleidet sind. Auch ihre Gesichter sind aus Licht. Sie gehören nicht zu den Propheten und auch nicht zu den Märtyrern, (und doch) werden sie von den Propheten und Märtyrern beneidet."

Da fragten ihn seine Gefährten: „O Gesandter Allahs, beschreibe uns diese Leute!"

Er antwortete: „Dies sind jene, die sich gegenseitig für Allah lieben und die für Allah beieinandersitzen und sich gegenseitig für Allah Besuche abstatten." [12]

Die Wabe der Liebe behütet den Glauben

Die Liebe zwischen den Gläubigen ist äußerst wichtig, denn sie ist eine Angelegenheit des Glaubens. Dies wird von der folgenden Hadith bestätigt:

„Ihr werdet solange nicht in das Paradies eintreten, bis ihr nicht glaubt, und ihr glaubt solange nicht [d.h. ihr habt solange nicht euren Glauben vervollkommnet], bis ihr euch nicht gegenseitig liebt." [13]

---

12 Ahmed: 5/343
13 Muslim: Iman, 22 (93)

Aus dieser Hadith geht hervor, dass der Glaube die Garantie für den Einlass ins Paradies ist und dass die Liebe zwischen den Gläubigen die Garantie für den Glauben ist. Geht also die Liebe zwischen den Gläubigen verloren, dann geht auch der Glaube verloren; und wenn der Glaube verlorengeht, dann geht auch das Paradies verloren.

Wenn sich liebende Menschen zusammenfinden, dann gehen sie sehr sensibel mit Glaubensdingen um, damit der Glaube des anderen unter keinen Umständen Schaden nimmt oder gar verlorengeht. Außerdem halten sie sich gegenseitig von Sünde ab: Wenn einer von ihnen in Sündhaftigkeit verfällt, dann suchen ihn die anderen auf und unterstützen ihn dabei, wieder den rechten Weg einzuschlagen. Menschen, die so energisch der Sündhaftigkeit entgegentreten, werden niemals tatenlos dabei zusehen, dass einer ihrer Glaubensbrüder seinen Glauben verliert.

Wenn einer von ihnen in einen Graben fällt, dann freuen sie sich nicht darüber, sondern reichen ihm ihre Hand und ziehen ihn wieder heraus. Wenn das Haus von einem von ihnen in Flammen steht, dann helfen sie dabei, den Brand zu löschen. Sie sind jederzeit dazu bereit, alles nur Erdenkliche dafür zu tun, dem Guten zum Sieg zu verhelfen.

Wenn sie bemerken, dass einer von ihnen im Begriff steht, die Höllenpforten aufzustoßen und in sein eigenes Verderben zu rennen, dann stehen sie nicht untätig daneben, sondern reichen ihm die rettende Hand und bewahren ihn davor, in Sündhaftigkeit zu verfallen.

Die Wabe der Liebe stellt sich gegen jeden Zwist und jede Spaltung

Der Edle Quran fordert die Gläubigen dazu auf, Brüder zu werden und sich zu einem Großen und Ganzen – gleichsam wie ein einziger Körper – zusammenzuschließen. Sie sollen eins werden und sich nicht spalten. Allah der Erhabene sagt dazu Folgendes:

„Und gehorcht Allah und Seinem Gesandten und streitet nicht miteinander, auf dass ihr nicht scheitert und eure Kampfkraft nicht verliert! Und seid standhaft! Gewiss, Allah ist mit den Standhaften."

(El-Enfal 8/46)

In einem anderen Vers heißt es dazu:

„Und haltet euch allesamt an Allahs Seil fest und zersplittert euch nicht!"

(Ali Imran 3/103)

Und wieder ein anderer Vers warnt uns vor Zwietracht und Spaltung:

„Und seid nicht wie jene, die zersplittert und uneinig sind, nachdem die deutlichen Zeichen zu ihnen gekommen sind. Diese erwartet eine gewaltige Strafe."

(Ali Imran 3/105)

Man sieht also, dass Allah der Erhabene die Einigkeit zwischen den Gläubigen anordnet und die Spaltung und Uneinigkeit zwischen ihnen verbietet. Einigkeit ist aber nur dann möglich, wenn sich die Gläubigen gegenseitig für das Wohlgefallen Allahs lieben. Sollten sie ihre Eigeninteressen über das Gemeinwohl stellen und sich spalten, dann droht Allah der Erhabene ihnen gewaltige Strafe an.

Zahlreiche Verse ermahnen die Gläubigen zur Einigkeit. Einer von ihnen ist der Folgende:

„Und gedulde dich zusammen mit jenen, die ihren Herrn morgens und abends anrufen, im Streben nach Seinem Antlitz. Und lasse deinen Blick nicht über sie hinauswandern, indem du nach dem Schmuck des irdischen Lebens trachtest."

(El-Kehf 18/28)

Wer sich von der Gemeinschaft abtrennt, schlittert unweigerlich in die Katastrophe. Der ehrwürdige Gesandte Allahs warnt uns vor den Gefahren der Abtrennung von der Gemeinde und dem Einzelgängertum mit folgenden Worten:

„Hüte dich vor der Trennung (von der Gemeinschaft). Denn wahrlich der *Scheytan* ist mit dem Einzelnen und er hält sich von Zweien fern [sofern diese sich für das Wohlgefallen Allahs zusammengeschlossen haben]. Wer [die

Gefilde] inmitten des Paradieses anstrebt, der klammere sich an die Gemeinschaft."[14]

„Ohne Zweifel läuft der Teufel mit demjenigen, der sich von der Gemeinde losgesagt hat. Er nimmt in ihm einen Platz ein und führt ihn, wohin er auch will." [15]

„Allah hält Seine (schützende) Hand über die *Dschema'ah* (Gemeinschaft). Wenn sich eines ihrer Mitglieder [von der Gemeinschaft] absondert, dann schnappt es sich der *Scheytan*, genauso wie sich der Wolf ein Schaf aus der Herde schnappt [wenn dieses sich zu weit von der Herde entfernt hat]."[16]

---

14   Tirmidhi: Fiten, 7 (2165)
15   Vgl. Nesa'i Sunenul Kubra Nr. 3469
16   Taberani: Mu'dschemul Kebir, 1/206 (491)

Die Wabe der Liebe zielt einzig und allein auf das Wohlgefallen Allahs des Erhabenen ab

Jede Art der Freundschaft, jede Form der Liebe und jede Art der Brüderlichkeit, die sich innerhalb der Wabe der Liebe abspielt, zielt einzig und allein auf das Wohlgefallen Allahs des Erhabenen ab. Eine Liebe, die nur um Seinetwillen besteht, trägt süße Früchte. Jede Tat hingegen, die nicht für das Wohlgefallen Allahs des Erhabenen ausgeführt wird, ist fruchtlos wie ein vertrockneter Baum. Der ehrwürdige Gesandte Allahs܀ sagte dazu:

„Die beste aller Handlungen ist die Liebe für Allah und der Zorn für Allah!"[17]

Eine Freundschaft, die nicht das Wohlgefallen Allahs des Erhabenen zum Ziel hat, trägt weder im Diesseits noch im Jenseits Früchte. Im Jenseits verwandeln sich vermeintliche Freundschaften sogar in Feindschaft.

Unser Allmächtiger Herr verkündet dazu im Edlen Quran Folgendes:

„Die (vermeintlichen) Freunde werden an jenem Tage einer des anderen Feind sein, außer den Gottesfürchtigen."
(Ez-Zuhruf 43/67)

---

17 Ebu Dawud: Sunneh, 3 (4599)

Abdullah Bin Umar ﷺ sagte:

„Selbst wenn ich mein ganzes Leben lang faste, die Nächte schlaflos im Gottesdienst verbringe, mein gesamtes Hab und Gut auf dem Weg Allahs ausgebe und in diesem Zustand versterbe, werden mir diese Taten solange keinen Nutzen bringen, wie ich in meinem Herzen für die Gehorsamen gegenüber Allah keine Liebe und für die Ungehorsamen gegenüber Allah keinen Groll empfinde."

Es ist nicht das Ziel der Wabe der Liebe, möglichst viele Menschen um sich zu scharen, sondern eine gut funktionierende Gemeinschaft zu sein.

Nicht alle Gruppen, zu denen sich mehrere Menschen zusammengeschlossen haben, werden automatisch als „Gemeinde" oder „Gemeinschaft" bezeichnet. Eine Ansammlung von Menschen, die sich nur des materiellen Profits wegen zusammengeschlossen hat und zwischen der keine Liebe herrscht, bezeichnet man nicht als „Gemeinschaft", sondern als Interessengemeinschaft. Diejenigen Menschen, die Sportstadien, Transportmittel, Straßen, Kaufhäuser oder Märkte füllen, sind reine Menschenmassen. Stößt einer Person inmitten einer solchen Menschenmasse etwas zu, dann sehen die anderen Menschen oft nur erstaunt zu, anstatt ihre Hilfe anzubieten.

Dass viele Menschen nicht dazu bereit sind, einer Person beizustehen, der auf offener Straße Gewalt angetan wird, zeigt, wie wenig Gemeinschaftssinn diese Menschen haben. Der Grund dafür, warum sie nicht helfen, ist darin zu finden, dass sie eben nur Teil eines lockeren Zusammenschlusses von Menschen und nicht Teil einer echten Gemeinschaft sind.

Solange nicht alle Mitglieder einer Gruppe aufrichtig Freud und Leid ihrer Mitglieder teilen, wird sie immer eine bloße Ansammlung von Menschen bleiben. Solange die Mitglieder einer Gruppe ihren kranken Mitmenschen nicht gute Besserung wünschen, nicht ihren Kummer und ihr Glück teilen, wird ihr der göttliche Segen versagt bleiben.

Als Mitglieder eines Moscheevereins oder als Angehörige eines Sufiordens müssen wir unseren Brüdern liebevoll und mit offenem Herzen begegnen und sie in unsere Arme schließen. Die Dienerschaft Gottes ist nicht auf das Gebet in der Moschee oder das Gedenken in der *Dergah* beschränkt, sondern dazu gehört auch, dass man die Sorgen und das Glück und überhaupt das gesamte Leben seiner Brüder teilt.

Heutzutage leben die Menschen zurückgezogen in ihrer eigenen kleinen Welt. Jeder kocht sein eigenes Süppchen. Man vertritt die Ansicht, dass ein tollwütiger Hund ruhig solange weiterleben darf, wie er für einen selbst keine Gefahr darstellt. Solange sich diese Haltung innerhalb der Gesellschaft nicht zum Positiven verändert, wird die Wabe der Liebe gegen diesen Egoismus ankämpfen und versuchen, ihn zu überwinden.

Der Islam ist eine Religion, die in der Gemeinschaft praktiziert wird: Das Freitagsgebet und die Festtagsgebete sind nur dann gültig, wenn sie in der Gemeinschaft verrichtet werden. Das Gebet in der Gemeinschaft ist siebzigmal besser als das Gebet des Einzelnen. Die Bildung einer intakten Gemeinschaft ist aber nur dann möglich, wenn aufrichtige Liebe und wahre Brüderlichkeit zwischen ihren Mitgliedern herrscht.

Die Wabe der Liebe leistet Hilfestellung bei der Umsetzung der göttlichen Gebote, so wie es Allah der Erhabene von der Gemeinschaft der Gläubigen einfordert:

„Und helft einander in Rechtschaffenheit und Frömmigkeit, doch helft einander nicht in Sünde und Übertretung."
(El-Mai'deh 5/2)

Wenn sich die Gläubigen erst einmal im Guten zusammengefunden haben, dann müssen sie sich auch gegenseitig im Glauben unterstützen. Das weltliche Leben ist Lug und Trug. Zahlreich sind die Tricks und Schliche der *Nefs.* Deshalb fallen viele Menschen immer wieder in ihre alten Verhaltensmuster zurück und begehen bereits früher begangene Sünden erneut, auch wenn sie diese zuvor aufrichtig bereut und sich fest vorgenommen haben, diese niemals wieder zu begehen. Aus diesem Grunde

sollten sich Brüder im Glauben von Zeit zu Zeit gegenseitig aufsuchen und sich höflich nach dem Wohlbefinden des anderen erkundigen. Dadurch halten sie sich gegenseitig davon ab, erneut in die Sündenfalle zu tappen. Sollte einer von ihnen bereits in die Falle getappt sein, dann halten ihn seine Brüder zum Guten an und helfen ihm dabei, dieser Falle wieder zu entkommen.

Manch einer fragt sich, warum einige seiner Glaubensbrüder nach ihrer Umkehr wieder rückfällig geworden sind; warum sich der eine von seiner Familie getrennt hat, warum der andere seine Kinder sich selbst überlassen hat und warum so viel Leid entstanden ist. Die Verantwortungslosigkeit der Freunde dieser Menschen hat oft mit dazu beigetragen, dass so viel Leid entstanden ist. Dabei haben meist nicht nur die Betroffenen selbst Schaden genommen, sondern auch ihre Familien, Nachbarn, Freunde, ja überhaupt ihr ganzes Umfeld wurde in Mitleidenschaft gezogen.

Eines Tages kam ein Mann zu Ghawth eth-Thani رحمة الله, nahm vor ihm Platz und sprach:

„Werter Herr, ich bin alkoholabhängig. Ich möchte davon loskommen, indem ich aufrichtig bereue [*Tewbeh*], mich dem Islam zuwende und mich dir anschließe [*Intisab*]."

So bereute er also gemeinsam mit Ghawth eth-Thani رحمة الله und schloss sich ihm als Schüler an. Als der Mann aufstehen und gehen wollte, packte ihn Ghawth eth-Thani رحمة الله fest an der Hand und gab ihm folgenden Ratschlag:

„Hör mir gut zu! Von jetzt an wirst du dich von deinen alten Freunden fernhalten. Du wirst dich nicht mehr mit ihnen abgeben, sondern dich bei den Sufis aufhalten. Falls du dich nicht daran hältst, wirst du wieder rückfällig werden."

Es gibt sehr viele Brüder, die sich wieder mit ihren alten Freunden einließen und wieder in ihre alten Verhaltensmuster zurückgefallen sind. Wenn sich ihre Brüder fürsorglich um sie gekümmert hätten, wäre es nicht so weit gekommen!

Die Wabe der Liebe wird dafür sorgen, dass sich die Brüder fürsorglich umeinander kümmern. Auf diese Weise werden sie von den Sünden abgehalten und nicht zum Spielball ihres verdorbenen *Nefs* und des verfluchten *Scheytans*.

Die islamischen Geistlichen kümmern sich um die Mitglieder ihrer Moscheegemeinden und praktizieren gemeinsam mit ihnen das Gebet. Aber sie haben keinen Einfluss auf Personen, die nicht zu ihrer Moschee kommen. Die Wabe der Liebe aber kümmert sich um die Personen aus ihrem näheren Umfeld. Sie beschäftigt sich mit jenen, die zu ihren *Suhbeh* (Vorträgen) und ihren Gemeinschaftsunternehmungen kommen. Sie beten gemeinsam und führen zusammen die *Khatmeh* (eine Art des gemeinschaftlichen Gottgedenkens) aus. Dies ist alles schön und gut. Aber wer kümmert sich um jene Menschen, die nicht zur Moschee gehen oder an den Treffen der Wabe der Liebe teilnehmen? Wer klärt jene auf, die der Sündhaftigkeit verfallen sind und kümmert sich um sie?

Wir sollten uns nicht allein um jene Personen kümmern, die zur Moschee gehen, sondern wir müssen uns vielmehr jeder Person annehmen, die zu uns kommt. Wir müssen jeden Neuling aufs herzlichste begrüßen und in unsere Gemeinde aufnehmen. Wenn er längere Zeit der Gemeinde fernbleibt, müssen wir uns um ihn sorgen. Wir müssen uns nach ihm erkundigen und nach ihm Ausschau halten. Wir dürfen ihn nicht verlieren! Er könnte Opfer seines *Nefs* oder des Teufels und deshalb rückfällig geworden sein. Deshalb müssen wir ihm unsere Hilfe anbieten.

Ein Wirtschaftsunternehmen kümmert sich um seine Stammkundschaft, bemüht sich aber gleichzeitig auch darum, neue Kunden zu gewinnen. Es fährt zweigleisig und entwickelt für beide Zielgruppen neue Projekte. Sobald ein neuer Kunde zu ihm kommt, notiert es seine Telefonnummer. Nach einiger Zeit ruft es ihn an, schreibt ihm eine Nachricht oder informiert ihn über neue Produkte oder Sonderangebote. Dadurch zeigt es sein Interesse an dem neuen Kunden. Was ist das Ziel eines Wirtschaftsunternehmens? Es möchte seinen Umsatz steigern, indem es neue Kunden gewinnt.

Auch wir sollten jenen Personen, die zu unseren Vorträgen kommen, mehr Interesse entgegenbringen. Dabei dürfen wir aber nicht vergessen, dass wir kein Wirtschaftsunternehmen sind, sondern wir müssen bei all unseren Handlungen immer das Wohlgefallen Allahs des Erhabenen zum Ziel haben.

Die Wabe der Liebe kümmert sich um die Bedürftigen

Viele Menschen sind nicht deswegen in die Irre gegangen, weil sie schlecht sind, sondern weil sich niemand um sie kümmerte. Viele Menschen wurden von Drogen und Alkohol abhängig, weil ihnen keiner den rechten Weg zeigte und keiner sich ihrer annahm. Die Erwachsenen und Vernünftigen, ihre Eltern und ihr Umfeld, alle haben sie im Stich gelassen.

Dieser Menschen müssen wir uns annehmen. Wir müssen versuchen, diejenigen aus dem Sumpf der Sünden zu ziehen, die in ihm zu versinken drohen, und wir müssen denjenigen Halt geben, die dem Sumpf der Sünden entkommen sind, damit sie nicht erneut in ihm versinken.

Edelsteinen wird ein hoher Wert beigemessen. Deshalb verstecken ihre Besitzer sie an einem sicheren Ort und geben sie nicht aus der Hand. Der Mensch ist ein Juwel. Er ist der wertvollste aller Edelsteine. Diesen Wert hat ihm Allah der Erhabene beigemessen. Daher müssen wir dieses Juwel genauso wertschätzen wie sein Schöpfer und dürfen es nicht vernachlässigen.

Bin Mes'ud ﷺ fragte ein paar Muslime, die beieinander saßen:

„Sitzt ihr immer beisammen?"
Sie antworteten:

„Wir unterlassen es nie!"
Er fragte weiter:
„Besucht ihr euch gegenseitig?"
Sie antworteten:

„Ja, o Ebu Abdurrahman! Was dies betrifft, scheuen wir auch nicht davor zurück, für einen Bruder, den wir schon länger nicht gesehen haben, bis zum anderen Ende von Kufe (eine Stadt im Irak) zu gehen, um ihn zu besuchen."

Daraufhin sagte Bin Mes'ud! zu ihnen:

„Solange ihr auf diese Weise miteinander umgeht, wird es euch stets gut ergehen!"

Auch wenn ein Gläubiger viele Fehler hat, behält er trotzdem seinen hohen Wert bei, denn er glaubt an Allah den Allmächtigen und an Seinen Gesandten.

Wenn er von seinem *Nefs* überrumpelt wird, dann kümmern sich seine Brüder um ihn, sprechen für ihn Bittgebete und unterstützen ihn, wenn er ihre Hilfe benötigt. Dies ist wahre Freundschaft!

Abdulaziz el-Debbagh رحمة الله sagte Folgendes:

„Es ist keine Freundschaft, wenn sich jemand in einer misslichen Lage befindet und ihm sein Freund nicht hilft und sich nicht um ihn kümmert. Freundschaften, die sich nur auf die guten Zeiten beschränken, sind keine wahren

Freundschaften. Sie sind bestenfalls Interessengemein-
schaften, mehr aber auch nicht."[18]

Ebu Hureyrah﷽ überliefert:

„Zum Prophetenﷺ wurde ein Mann gebracht, der [Alko-
hol] getrunken hatte. Da sagte er: ‚Schlagt ihn!' Da schlu-
gen ihn manche von uns mit ihrer Hand, andere mit ihrem
Schuh und wieder andere mit einem ihrer Kleidungsstücke.
Als er fortgegangen war, sagte einer (von uns): ‚Möge
Allah Schande über dich bringen!' Da sagte er [der Ge-
sandte]: ‚Sagt so etwas nicht! Unterstützt den Teufel nicht
gegen ihn!'"[19]

Bei einer anderen Gelegenheit sagte der Gesandteﷺ:

„Ihr seid der Spiegel eures Bruders! Wenn ihr an ihm einen Mangel erblickt, dann entfernt ihn."[20]

Als Ebu Derda'﷽ (eines Tages) mit einem Mann zusam-
mentraf, der gesündigt hatte, sprachen die Leute um ihn
herum schlecht über ihn (diesen Mann) und tadelten ihn
wegen seiner Sündhaftigkeit. Da sprach Ebu Derda'﷽ zu
den Männern:

18   Abdulaziz el-Debbagh: El-Ibris
19   Bukhari: Hudud, 4 (6395); 5 (6399)
20   Tirmidhi: Birr we Sileh, 18 (1929)

„Was ist denn das für ein Verhalten? Würdet ihr eurem Bruder etwa nicht wieder heraushelfen, wenn er in eine Grube gefallen wäre?"

Sie antworteten:

„Doch. Wir würden auf alle Fälle versuchen, ihn wieder herauszuholen."

Da sagte Ebu Derda'رضي الله عنه:

„Wenn dem so ist, dann tadelt euren Bruder nicht und sprecht nicht schlecht über ihn! Dankt (lieber) Allah, dass Er euch vor solchen Sünden verschont hat."

Da fragten sie ihn:

„Ärgerst du dich etwa nicht über ihn?"

Ebu Derda'رضي الله عنه erwiderte ihnen:

„Ich ärgere mich nicht über seine Person, sondern ich ärgere mich über seine Tat..."

Zwei *Sahabeh*رضي الله عنهم verbrüderten sich für das Wohlgefallen Allahs des Erhabenen. Dann verfiel einer von ihnen in Sündhaftigkeit. Da fragte man den anderen:

„Willst du denn nicht den Kontakt zu ihm abrechen?"

Er antwortete:

„Wieso sollte ich das tun? Mein Bruder braucht mich doch, um aus dieser [misslichen] Situation wieder herauszukommen. Ich muss fürsorglich seine Hand ergreifen und ihn behutsam dazu auffordern, damit aufzuhören. Ich werde Allah den Erhabenen ununterbrochen darum bitten, ihn aus dieser [misslichen] Lage zu befreien."

Die Wabe der Liebe nimmt jedermann mit offenen Armen auf

In Zeitraum zwischen der Erschaffung des ehrwürdigen Vaters der Menschen, Adam؏, und dem Auftreten des Siegels der Gesandten, dem ehrwürdigen Muhammed Mustafa, wurden 124.000 Propheten entsandt, um die Menschen rechtzuleiten.

Jeder Einzelne von ihnen musste viel Leid erfahren und viele Prüfungen wie Vertreibung und Verfolgung bestehen oder erlitt den Märtyrertod, weil er versuchte, die Menschen von den Fesseln des Teufels und des *Nefs* zu befreien. Für diese Mission opferten sie ihr Leben,

ihre Gesundheit und ihr persönliches Wohlbefinden auf. Die Altvorderen und Gottesfreunde haben diese Mission seit den Zeiten des ehrwürdigen Muhammed Mustafa bis zum heutigen Tag weiterverfolgt, ohne dabei die größten Mühen zu scheuen. Ihre Familien unterstützten sie bei

diesem Kampf nach besten Kräften. Bei der Erfüllung dieser Aufgabe maßen sie ihrem eigenen Leben keinen Wert
bei, gaben ihr gesamtes Hab und Gut hin und nahmen auf
ihr persönliches Wohlbefinden und ihre Gesundheit keine
Rücksicht. Sie opferten ihre gesamte Zeit und ihr ganzes
Leben auf diesem Weg auf. Dabei beklagten sie sich kein
einziges Mal und verloren niemals die Lust.

Von jedem von uns wird erwartet, dass wir uns der Sorgen
und Bedürfnisse einer kleinen Zahl von Muslimen annehmen. Wir sollten sie besuchen, uns um sie kümmern und
ihnen beistehen. Kommen sie nicht zu uns, so gehen wir zu
ihnen, bieten ihnen unsere Hilfe an und nehmen uns ihrer
Sorgen an. Um diese Leistung vollbringen zu können, müssen wir es den Altvorderen gleichtun und uns auf diesem
Pfad aufopfern.

Die Wabe der Liebe nimmt sich der
Sorgen der Bekümmerten an

Zu den Prinzipien der Wabe der Liebe gehört es, dass man
das Leid seines Bruders als sein eigenes Leid begreift. Man
sagt nicht: „Was geht mich das an? Soll der doch selbst mit
seinen Problem fertig werden!" Die Wabe der Liebe kümmert sich um ihren Bruder und nimmt sich seiner an. Der
Gesandte Allahsﷺ sagte dazu:

„Ein Muslim, der sich unter die Menschen mischt und ihre
Belästigungen geduldig erträgt ist besser als ein Muslim,

der sich nicht unter die Menschen mischt und nicht ihre Belästigungen geduldig erträgt."[21]

Außerdem sagte er zum gleichen Thema:

„Wer einen Gläubigen von einer Sorge der irdischen Sorgen befreit, den befreit Allah von einer Sorge der Sorgen des Tages der Auferstehung. Und wer einem Armen Erleichterung verschafft, dem verschafft Allah im Diesseits und im Jenseits Erleichterung. Und wer (den Fehler) eines Muslims zudeckt, dem deckt Allah (seine Fehler) im Diesseits und im Jenseits zu. Allah hilft Seinem Diener, solange dieser seinem Bruder hilft."[22]

Schon der weltliche Lohn für brüderliches Verhalten ist enorm. Um wie viel höher wird dann erst der jenseitige Lohn ausfallen? Wir wollen niemals die Hände unserer Brüder loslassen, die sich vom Gottesdienst, der Teilnahme an den *Suhbeh* (religiöser Vortrag), vom *Dhikr* (Gottgedenken) und der Gemeinschaft der frommen Persönlichkeiten zurückgezogen haben. Wer sich auf diesem Wege verausgabt, erhält ungleich mehr jenseitigen Lohn als einer, der sich mit der Verrichtung von freiwilligem Gottesdienst beschäftigt.

Der Gesandte Allahsﷺ sagte dazu Folgendes:

---

21 Tirmidhi: Sifatul Qiyameh, 55 (2507)
22 Muslim: Dhikr, 11 (7028)

„Dass ich gemeinsam mit meinem (Glaubens)bruder losgehe, um (sein) Bedürfnis zu decken, ist mir lieber, als dass ich mich einen Monat lang in dieser Moschee [also der Moschee in Medina] zurückziehe [um mich dem Gottesdienst zu widmen]."[23]

In einer anderen prophetischen Überlieferung heißt es:

„Wer bei einer einflussreichen Person für seinen muslimischen Bruder für etwas Gutes eintritt oder eine Erleichterung für eine Erschwernis erwirkt, dem vergilt Allah dies am Tage der Auferstehung, indem er ihm (einen festen Stand verleiht), wenn die Füße auf der Brücke ausgleiten."[24]

Die Wabe der Liebe stürzt sich mit Begeisterung auf ihre Aufgaben

Heutzutage stürzen nicht wenige Menschen in den sozialen Abgrund. Kinder, Jugendliche, Erwachsene, Alte, Mittellose, Mittelständler und Reiche; Menschen aus allen Altersgruppen und sozialen Schichten sind geistig verarmt und haben sich in ihrem Leben total verrannt. Unsere Aufgabe ist es, diese Trostlosigkeit zu durchbrechen, nach neuen Perspektiven zu suchen und uns einer Heilbehandlung zum Kurieren unserer spirituellen Krankheiten zu unterziehen.

---

23   Et-Taberani: Mu'dschemul Kebir: 11/83f, Nr. 13468
24   Bin Hibban: Sahih, 530

Das Einstiegsalter in die Drogenabhängigkeit sinkt immer weiter. Die Scheidungsraten erreichen jedes Jahr neue Rekorde. Die Zahl der unehelichen Kinder wächst beständig. „Die Jugend ist verdorben!" „Die Zeiten sind härter geworden!" „Was ist das nur für eine schlimme Zeit!" „Zu unserer Zeit gab es das alles nicht! Zu unserer Zeit herrschte noch Sitte und Anstand!" Diese und andere nur allzu bekannte Aussprüche ließen sich noch endlos weiter aufzählen…

Eine Sache dürfen wir dabei aber niemals vergessen: Ausnahmslos alle Menschen, die in diesen schweren Zeiten zur Welt kommen, genießen die Wertschätzung Allahs des Allmächtigen. Jeder Einzelne von ihnen verfügt über die natürliche Veranlagung zum Islam. Niemand kommt als schlechter Mensch auf die Welt.

Die verdorbenen Menschen haben sich nicht selbst verdorben. Sie wurden verdorben. Sie verdarben, weil man sie sich selbst überließ und ihnen keine Liebe entgegenbrachte. Diese Menschen können sich nicht selbst heilen. Sie brauchen Hilfe. Nur durch die Anteilnahme und Liebe ihrer Mitmenschen können sie geheilt werden.

Die Jugend von heute ist vielfach verdorben, weil sie von den Erwachsenen vernachlässigt wurde. Deshalb versuchten diese Jugendlichen, ihren Durst nach elterlicher Liebe und Zuneigung aus alternativen Quellen zu stillen. Sie ließen sich nur deshalb mit falschen Freunden ein, weil es ihre Eltern versäumten, einen guten und freundschaftlichen Kontakt zu ihnen aufzubauen.

Es bringt nichts, die momentane gesellschaftliche Situation zu beklagen und zu verurteilen. Nein! Wir müssen endlich unsere Ärmel hochkrempeln. Es macht keinen Sinn, an jenen Orten von Liebe zu sprechen, an denen Jugendliche und Erwachsene vernachlässigt werden.

Es ist nicht die Zeit des Klagens und des Jammerns. Es ist die Zeit der Wabe der Liebe. Diese kümmert sich aktiv um das Seelenheil ihrer Mitmenschen.

Die Wabe der Liebe ist ein Vorbild an praktizierter Nächstenliebe

In jeder Gemeinde wird von Brüderlichkeit und Liebe gesprochen. Von den Kanzeln der Moscheen herab predigen die Imame gerne folgenden Quranvers:

„Wahrlich sind [alle] Gläubigen Brüder!"

(El-Hudschurat 49/10)

Sie sagen: „Wir sind alle Brüder! Lasst uns alle wie Brüder werden! Lasst uns nach den Grundsätzen der Brüderlichkeit zusammenleben!"

Natürlich sind wir alle Brüder. Aber wie sieht diese Brüderlichkeit denn konkret aus? Wie setzt man sie im Alltag um? Wer beginnt damit, nach ihren Grundätzen zu leben und zu handeln? Wenn zwei Menschen miteinander zerstritten sind, so ist es nicht allein damit getan zu sagen: „Ihr seid Brüder, also vertragt euch wieder!" Um eine nachhaltige Versöhnung herbeiführen zu können, muss mehr getan werden als moralinsaure Predigten zu halten.

Die Wabe der Liebe setzt die Brüderlichkeit in die Tat um und zeigt anderen, wie man diese in die Tat umsetzen kann. Sie tut alles Erdenkliche, um dem Prinzip der Brüderlichkeit wieder einen festen Platz in der Gesellschaft zu verschaffen.

Als der Gesandte Allahsﷺ das Ziel seiner Auswanderung erreichte und mit seinen Gefährten die gesegnete Stadt Medina betrat, wetteiferten die muslimischen Einwohner Medinas darum, wer von ihnen einen der Gäste bei sich zu Hause aufnehmen darf. Der Gesandte Allahsﷺ sagte dabei nicht: „Umarmt euch alle brüderlich!" und zog sich danach zurück. Nein! Er sorgte dafür, dass die Aussage: „Werdet alle Brüder!" auch in die Tat umgesetzt wurde: Er verbrüderte jeden *Muhadschir* (die Auswanderer aus Mekka) mit einem *Ensar* („die Helfer"; die muslimischen Einwohner Medinas). Dadurch sorgte er dafür, dass sich der eine Bruder für den anderen verantwortlich fühlte. So teilten die *Ensar* alles mit ihren Brüdern von den *Muhadschirun* und nahmen sich ihrer brüderlich an.

Das Fundament der Brüderlichkeit wurde in Medina gelegt

Eines Tages kamen die *Ensar* zum Gesandten Allahsﷺ und sagten:

„Teile unsere Dattelpflanzungen zwischen uns und unseren Brüdern aus Mekka auf!"

Der Gesandte Allahsﷺ antwortete ihnen:

„Das geht nicht!"

Die Auswanderer aus Mekka waren über diesen Akt der Brüderlichkeit der *Ensar* sehr erstaunt und fragten diese:

„Wollt ihr wirklich mit uns teilen, ohne dass ihr dafür eine Gegenleistung von uns bekommt?"

Ihre Brüder aus Medina antworteten:

„Ja! Wir wollen dafür keine Gegenleistung von euch!"[25]

Als die *Ensar* ihre Dattelernte eingebracht hatten, teilten sie die Ernte in zwei Haufen. Einer der beiden Haufen war größer als der andere. Den kleineren der beiden Haufen vermischten sie mit Palmzweigen, damit er genauso groß aussah wie der andere. Danach riefen sie die *Muhadschirun* und überließen ihnen die Wahl zwischen den beiden

25   Kandehlewi: Hayatu Sahabeh, 1/333

Häufen. Die *Muhadschirun* nahmen sich den Haufen, der ausschließlich Datteln enthielt, und die Ensar denjenigen mit den Palmzweigen. Dies ging so lange weiter, bis die Muslime Khayber erobert hatten. [26]

Eines Tages kamen die *Muhadschirun* zum Gesandten Allahs und sagten:

„O Gesandter Allahs! Solche guten Menschen wie unsere Brüder aus Medina haben wir noch nie gesehen. Obwohl ihr Einkommen sehr gering ist, teilen sie es mit uns. Wenn die Ernte großzügig ausfällt

ist unser Anteil viel größer als der ihrige. Wir schwören im Namen Allahs, wir befürchten dass sie uns keinen jenseitigen Lohn übriglassen werden." Der Gesandte Allahs gab ihnen diese Antwort:

„Solange ihr euch bei ihnen bedankt und für sie betet, wird euch jenseitiger Lohn gutgeschrieben."[27]

Diese großartige Liebe entstand zwischen den Ensar und den Muhadschirun, weil der Gesandte Allahs ﷺ sie zur Brüderlichkeit aufrief und sie seiner Aufforderung nachkamen. Die Wabe der Liebe versucht, diesem Beispiel zu folgen.

Allah der Erhabene lobte die Ensar im Edlen Quran folgendermaßen:

„Die Vorangegangenen, die Ersten unter den Auswanderern und den Helfern und jene, die ihnen auf beste Weise gefolgt sind – Allah hat Wohlgefallen an ihnen, und sie haben Wohlgefallen an Ihm. Und Er hat für sie Gärten bereitet, durcheilt von Bächen, ewig und auf immer darin zu verbleiben; das ist ein gewaltiger Gewinn."

(Et-Tewbeh 9/100)

Auch der Gesandte Allahsﷺ lobte die Ensar für ihre vortrefflichen Eigenschaften: Eines Tages brachte man ihm eine Warenlieferung aus Bahrain. Als die Gläubigen aus Medina und Mekka von dieser Lieferung hörten, versammelten sie sich um den Gesandtenﷺ. Da lobte er die Ensar folgendermaßen:

„Soweit ich das sehe, versammelt ihr euch zu gefährlichen und furchterregenden Zeiten (in großer Zahl), und eure Zahl vermindert sich zu jenen Zeiten, in denen Güter und Kriegsbeute verteilt werden."[28]

Nachdem der Gesandte Allahsﷺ eines Tages Ebu Talha﷜ zu sich gerufen hatte, sagte er zu ihm Folgendes:

„Überbringe deinem Volk meine Grüße! Seit ich sie kenne sind sie edelmütige und geduldige Menschen." [29]

---

28 Kandehlewi: Hayatul Sahabeh, 1/353
29 Kandehlewi: Hayatul Sahabeh, 1/353

Den *Ensar* bereitete die Bewässerung ihrer Felder mithilfe ihrer Kamele sehr viel Mühe. Da versammelten sie sich beim Propheten☦, um ihn darum zu bitten, dass er ihnen einen Bewässerungsgraben graben lasse. Da sagte der Gesandte☦ zu ihnen:

„Die Ensar seien gegrüßt! Die *Ensar* seien gegrüßt! Bei Allah! Heute sollt ihr mich um keine Sache bitten, ohne dass ich sie euch gebe, und (heute) werde ich Allah um keine Sache bitten, ohne dass sie mir gegeben wird."

Da sagten die *Ensar* zueinander:

„Diese Gelegenheit müssen wir ausnutzen!" und beschlossen, ihn darum zu bitten, dass er für sie um Vergebung bitten möge.

Sie sagten:

„O Gesandter Allahs! Bitte für uns um Vergebung!"

Da sagte der Gesandte Allahs☦:

„O Allah! Vergib den Ensar und den Kindern der Ensar und den Kindeskindern der Ensar!"[30]

Uthman☦ berichtet:

---

30   El-Heythemi: Medschma'u Zewa'id, 9/782, Nr. 16528

Ich hörte wie der ehrwürdige Gesandte Allahsﷺ folgendes Bittgebet sprach:

„Mein Herr! Vergib den Ensar, mit denen du die Religion gestärkt und gefestigt hast. Sie haben mich angenommen, beschützt und mir geholfen. Sie sind in dieser Welt meine Freunde und ich möchte nicht im Jenseits von meinen Gefolgsleuten getrennt werden. Sie werden die ersten sein, die von meiner Gemeinde in das Paradies eingehen." [31]

Die Wabe der Liebe: Ehrliche Freundschaft ohne materielle Interessen

Die Wabe der Liebe will zeigen, dass es auch in diesem Zeitalter des Materialismus und der allesbeherrschenden materiellen Interessen sehr wohl möglich ist, sich selbstlos, einzig für das Wohlgefallen Allahs, für seine Mitmenschen aufzuopfern. Sobald eine Tätigkeit einzig auf die Zufriedenheit Allahs des Erhabenen abzielt, wird sie segensreich und mit reichlich Gotteslohn vergolten.

Wer sich ein Auto kaufen möchte, bringt es in eine Fachwerkstatt und lässt dort die Lackierung und den Motor überprüfen, um so den Marktpreis des Fahrzeugs zu bestimmen. Dabei vertraut man auf das Urteil von Maschinen.

Seltsam, dass die Wertangaben von Maschinen heutzutage ernster genommen werden als die der Menschen! Weil

31   El Heythemi: Medschma'ul Zewa'id, Nr.16534

50

die Menschen keine Liebe mehr zueinander verspüren und der Respekt voreinander verlorengegangen ist, erwecken die Diagnosen von Maschinen bei ihnen mehr Vertrauen als die Aussagen ihrer Mitmenschen. Die Wabe der Liebe will dafür sorgen, dass wieder Liebe und Respekt Einkehr in die Gesellschaft halten. Dies fördert automatisch die Herausbildung von Vertrauen und Toleranz und eines besseren Charakters bei den Mitgliedern einer solchen Gesellschaft.

Die Wabe der Liebe ist zu großen Opfern bereit

Der ehrwürdige Gesandte Allahsﷺ sagte dazu Folgendes:

„Keiner von euch hat einen (vollkommenen) Glauben, solange er nicht für seinen (Glaubens)bruder dasselbe wünscht, was er für sich selbst wünscht."[32]

Der Muslim ist einer, der das Leid seines Glaubensbruders teilt. Er muss sich umso stärker für ihn einsetzen, je mehr Sünden dieser begeht oder je gleichgültiger er seinen Mitmenschen gegenüber geworden ist. Wenn einer von uns einen Unfall hatte, dann wünscht er sich, dass sich seine Freunde um ihn kümmern, dass sie sich nach seinem Wohlbefinden erkunden und dass sie an ihn denken. Dasselbe erwarten auch unsere Brüder von uns. Wir müssen für sie dasselbe wollen, was wir für uns selbst wollen! Bin Abbas﷜ sagte dazu:

---

32   Bukhari: Iman, 7 (13)

„Wenn eine Fliege sich auf einen Bruder setzt und dies einen anderen nicht bekümmert, so ist er kein wahrer Freund."[33]

Der Gesandte Allahs✿ sagte:

„Die Gläubigen sind in ihrer gegenseitigen Liebe zueinander, in ihrer Barmherzigkeit (im Umgang) miteinander und in ihrem Mitgefühl füreinander wie ein (einziger) Körper. Wenn eines seiner Körperteile Schmerzen empfindet, dann verursacht dies beim Rest des Körpers Schlaflosigkeit und Fieber."[34]

Die Wabe der Liebe lehrt uns, dass wir für unsere Brüder dasselbe wünschen sollten was wir auch für uns selbst wünschen.

In einer Hadith heißt es dazu folgendermaßen:

„[Der Zusammenhalt] zwischen einem Gläubigen und einem anderen Gläubigen ist wie [der Zusammenhalt der Bausteine] in einem Bauwerk. Der eine (Baustein) stützt den anderen." [35]

33   Scharani: Tenbihul Mughterrin
34   Muslim: Birr we Sileh, 17 (6751)
35   Bukhari: Salah, 88 (481)

Die Wabe der Liebe produziert den Honig der Liebe

Die Tätigkeit der Wabe der Liebe ist mit der Tätigkeit von Bienen vergleichbar.

Bienen sind eigentlich keine angenehmen Zeitgenossen. Sie fliegen herum, summen und stechen und belästigen die Menschen. Sie werden nicht wegen ihres guten Verhaltens oder ihres anmutigen Äußeren geliebt, sondern weil sie Honig produzieren. Ihre Aufgabe besteht aus dem Herumfliegen und dem Summen und Brummen; ihren Honig aber erschafft Allah der Erhabene.

Wir müssen unserer Aufgabe auf dem Weg Allahs genauso gewissenhaft und fleißig nachkommen wie die Bienen der ihrigen. Dann wird uns Allah der Erhabene auch Honig produzieren lassen: Den Honig der Liebe! Dieser Honig wird großen Nutzen für die Menschheit haben, selbst wenn wir nicht dazu in der Lage waren, unsere *Nefs* zu erziehen und einen vollkommenen Charakter auszubilden.

Die Biene kann nur deshalb ihren Honig produzieren, weil sie den ganzen Tag eifrig summend und brummend ihrer Arbeit nachkommt. Würde sie so schön singen können wie eine Nachtigall oder wäre sie so niedlich wie ein Rehkitz, dann würde ihr dies bei der Verrichtung ihrer Arbeit keinerlei Vorteile bringen.

Die Liebe zwischen den Menschen entsteht nicht allein deshalb, weil sie gute oder schöne Menschen sind. Vielmehr müssen sie dafür auch ihren Aufgaben nachkommen. Schlussendlich wird immer der Fleißige Erfolg bei seiner Arbeit haben und der Faule erfolglos bleiben, selbst wenn er viel talentierter sein sollte als der Fleißige.

Allah der Erhabene beschreibt die Arbeitsweise der Bienen in den folgenden Quranversen:

„Und dein Herr hat den Bienen eingegeben: „Nehmt euch Behausungen in den Bergen und in den Bäumen und in dem, was sie [die Menschen] errichten. Danach esst von allen Früchten und zieht auf den Wegen eures Herrn dahin, die (Er euch) gebahnt hat." Aus ihren Leibern kommt ein Trank in unterschiedlichen Farben, in dem eine Heilung für den Menschen liegt. Wahrlich liegt hierin ein Zeichen für Leute, die nachdenken."

(En-Nahl 16/68 f.)

Aus den folgenden Versen des Qur'an können wir einige lehrreiche Lektionen für unsere Tätigkeit in der Wabe der Liebe entnehmen:

„Und dein Herr hat den Bienen eingegeben:…": Allah der Erhabene hat den Bienen ihren Weg vorgegeben. Sie bewegen sich auf den von Ihm vorgegebenen Bahnen. Ihre Aufgabe ist es lediglich, ihre Arbeit zu verrichten. Genauso verhält es sich auch mit der Wabe der Liebe: Wenn sie ihre

Arbeit fleißig und gewissenhaft ausführt, wird ihr Allah der Erhabene den Weg ebnen und sie auf Seinen Bahnen leiten.

„Nehmt euch Behausungen in den Bergen und in den Bäumen und in dem, was sie (die Menschen) errichten": Die Wabe der Liebe sollte ihrer Arbeit unter anderem in den Moscheen und den anderen Treffpunkten der Muslime nachgehen.

„Danach esst von allen Früchten": Die Wabe der Liebe sollte alle möglichen Arbeitspraktiken ausprobieren, damit sie auf die beste aller möglichen Methoden kommt.

„Zieht auf den Wegen eures Herrn dahin, die (Er euch) gebahnt hat": Die Wabe der Liebe sollte sich nach der Vollendung eines Projekts mutig auf neue Tätigkeitsfelder und Projekte stürzen, denn Allah der Erhabene wird ihr ihre Arbeit erleichtern.

„Aus ihren Leibern kommt ein Trank in unterschiedlichen Farben": Die Ausführung all dieser Arbeiten und die Erfolge, die man dabei erzielt, versüßen einem das Leben und verleihen ihm die nötige Würze.

„In dem eine Heilung für den Menschen liegt": Dies ist für uns der entscheidende Punkt: Das Ergebnis all dieser Bemühungen ist die Heilung der Gesellschaft.

Wenn wir krank sind, scheuen wir keine Mühen, um die Heilung unserer Krankheit herbeizuführen. Wir verzichten dafür manchmal auf gewisse Nahrungsmittel und ein andermal auch auf unseren Schlaf. Für unsere Arbeit in der Wabe der Liebe müssen wir dieselbe innere Haltung einnehmen und dieselben Einschränkungen in Kauf nehmen, um eine Heilung der Gesellschaft herbeiführen zu können.

Die Wabe der Liebe macht immer weiter; sie gibt niemals auf

Wenn ein Unternehmen nicht die erhofften Gewinne erzielt, dann wirft sein Besitzer deswegen nicht gleich die Flinte ins Korn. Er zerbricht sich erst einmal den Kopf darüber, was er besser machen könnte. Er sucht nach optimalen Lösungen, hält Vorstandssitzungen ab, bildet seine Mitarbeiter weiter und veranstaltet Seminare. Am Ende wertet er die neugewonnenen Erkenntnisse aus und entscheidet sich für einen Lösungsweg. Darüber hinaus verteilt er Prospekte, gibt Werbeanzeigen auf und startet die verschiedensten Kampagnen, um seine Produkte im besten Licht zu präsentieren und bei den Konsumenten bekannt zu machen. Dies setzt er solange fort, bis sich schließlich wirtschaftlicher Erfolg einstellt.

Mit der Wabe der Liebe verhält es sich nicht anders als mit einem Unternehmen: Nur weil eine Sache nicht auf Anhieb klappt, gibt man nicht gleich auf. Wir sind die Bienen der Wabe der Liebe; daher müssen wir auch so hart arbeiten wie Bienen, um den Honig der Liebe zu produzieren.

Der Teufel versucht immer wieder, den Menschen Sätze einzuflüstern wie: „Das ist zu schwierig, das lässt sich nicht realisieren, das schaffst du nicht!" oder: „Hör auf damit, kümmere dich nicht darum, jeder soll sich um seine eigenen Angelegenheiten scheren."

Er versucht, einen dunklen Schatten auf unsere lichtdurchflutete Tätigkeit zu werfen und uns von dieser abzubringen. Lasst uns nicht der Einflüsterung des Teufels aufsitzen! Lasst uns niemals solche Sätze sagen wie: „Das wird doch niemals funktionieren!" Denn dadurch geben wir dem *Scheytan* das nötige Handwerkszeug zur Hand, um sein Ziel zu erreichen und uns von unserem Weg abzubringen.

Die Wabe der Liebe leitet zum Rechten und warnt vor dem Schlechten

Die Mitglieder der Wabe der Liebe treffen sich regelmäßig, um sich über religiöse Themen zu unterhalten. Sie halten sich gegenseitig zum Guten an und vom Schlechten ab. Alle Menschen sind ihnen willkommen und auch diesen empfehlen sie das Gute.

Sich gegenseitig zum Rechten anzuhalten und vom Schlechten abzuhalten gehört zu den Pflichten der Muslime. Dieser Pflicht kommt die Wabe der Liebe selbst nach und ruft sie anderen ins Gedächtnis zurück.

Dabei folgen sie der Aufforderung Allahs des Erhabenen an die Muslime, zusammenzuhalten und sich nicht zu zersplittern:

„Und haltet alle am Seil Allahs fest und geht nicht auseinander!"

(Ali Imran 3/103)

Im darauffolgenden Quranvers erklärt Er uns, wie dies zu geschehen hat:

„Und aus euch soll ein Volk hervorgehen, das zum Guten aufruft, das Rechte gebietet und das Unrechte verbietet. Und jene sind es, denen es wohlergehen wird."

(Ali Imran 3/104)

Die Wabe der Liebe will nicht bewundert werden, sondern anderen Beachtung schenken

Die Wabe der Liebe verfolgt nicht ihren eigenen Vorteil, sondern will anderen Nutzen bringen. Wer an die anderen denkt, ist erhabener als der, der an sich selbst denkt.

Enes berichtete:

„Wir waren gemeinsam mit dem Propheten [auf Reisen und es war sehr heiß]. Den meisten Schatten von uns bekam der ab, der sich mit seiner Kleidung beschattete [die er sich über den Kopf hielt]. Und was die Fastenden unter uns betraf, so arbeiteten sie nicht [weil sie wegen der Hitze zu schwach dafür waren], und was die Nichtfastenden unter uns betraf, so trieben sie die Reittiere an, tränkten und fütterten diese und kümmerten sich um die Verpflegung und das Nachtlager [der Reisegruppe]. Da sagte der Prophet☺:

„Heute haben die Nichtfastenden den (gewaltigen) Lohn mit sich genommen"[36]

Die Wabe der Liebe steht treu zu ihren Freunden und sieht über die Fehler der anderen hinweg

Die Liebe zwischen Brüdern muss geduldig gepflegt werden, wie ein zartes Pflänzchen. Wegen der Liebe, die zwischen den Brüdern herrscht, müssen diese über die Fehler der anderen hinwegsehen. Man darf sich nicht sofort entzweien und dem anderen seine Liebe verweigern, nur weil dieser einen Fehler begangen hat. Wenn man so handelt, dann wird das zarte Pflänzchen der gegenseitigen Zuneigung zu einem kräftigen Baum der Liebe heranwachsen, den kein noch so teuflischer Sturm umwerfen kann.

Ebu Talib el-Mekki رحمه الله sagte:

---

36   Bukhari: Dschihad, 70 (2733)

„Wer den Wert und den Rang der brüderlichen Liebe, die für das Wohlgefallen Allahs des Erhabenen geschlossen wurde, erkannt hat,

wird gegenüber den Zuständen seines Bruders Geduld aufbringen, sich bei ihm bedanken, mit ihm sanft umgehen und seine Drangsalierungen ertragen. Dies alles nimmt er auf sich, um an die Früchte und das Ziel dieses Weges zu gelangen. Wer seine Hände nach etwas sehr Wertvollem ausstreckt, müsste alles, was ihm lieb ist, hierfür einsetzen."[37]

Unsere Vorfahren sagten: „Wer nach einem fehlerfreien Freund sucht, wird ohne Freunde bleiben."

Imam Schafᶜi ﷺ sagte: „So wenig wie man sich einen Gläubigen vorstellen kann, der nie Fehler begeht, genauso wenig wird man einen Gläubigen finden, der sich immerzu auflehnt und ungehorsam ist. Ein gerechter und guter Mensch ist jener, dessen gute Taten schwerer wiegen als seine schlechten Taten und dessen Gehorsam seinen Ungehorsam übertrifft."[38]

Bin Abbas ﷺ berichtet:

„Die Waagschale der guten Taten wiegt im Jenseits schwerer als die Waagschale der schlechten Taten, sobald

---

37   Ebu Talib el-Mekki: Qutul Qulub, 4/320
38   Imam el-Ghazali: Ihya', 2/257

die guten Taten die schlechten nur um eine einzige übertreffen. Dadurch gehört man zu den Erretteten."[39]

In einer Hadith heißt es folgendermaßen:

„Wer [die Sünden] eines Muslims zudeckt, dem deckt Allah [seine Sünden] im Diesseits und im Jenseits zu."[40]

Isa﷿ (Jesus) stellte eines Tages seinen Jüngern die folgende Frage:

„Was würdet ihr tun, wenn die Kleidung eines eurer Brüder, während er schläft, vom Wind fortgewirbelt würde?"

Sie antworteten:

„Wir würden ihn wieder zudecken."

Darauf sagte Isa﷿:

„Nein, ganz im Gegenteil! Ihr würdet auch noch seinen Schambereich offenlegen!"

Sie antworteten:

„Subhane Allah! Wer würde denn so etwas tun?"

Isa﷿ erwiderte ihnen:

---

39 Suyuti: Ed-Durrul Menthur, 2/418
40 Bin Madscheh: Hudud, 5 (2544)

„Wenn einer von euch etwas Ungebührliches über seinen Bruder hört, dann noch etwas (von seiner Phantasie) dazu mischt und dies unter den Menschen verbreitet, dann ist dies genauso wie wenn er den Schambereich seines Bruders offenliegen würde."[41]

Imam Suhrewerdi ﷿ sagte:

„Der Teufel beneidet nicht jene, die sich zu einer bloßen Zweckgemeinschaft zusammengeschlossen haben. Dafür bemüht er sich umso mehr darum, die Freundschaft jener zu zerstören, die sich für Allahs Wohlgefallen lieben und motiviert seine Anhängerschaft dazu, es ihm gleichzutun."[42]

Die Wabe der Liebe geht sehr behutsam mit den Rechten ihrer Glaubensbrüder um

Alle Muslime haben Rechte, die von allen anderen Muslimen zu beachten sind. Egal ob man einen Muslim mag oder nicht: Seine Rechte müssen immer gewahrt bleiben. Wer seinen Bruder liebt, der spricht ihm sein Beileid aus, wenn jemand aus seiner Familie verstorben ist, grüßt ihn, wenn er ihn trifft, folgt seiner Einladung, wenn er ihn zu sich nach Hause einlädt und bittet für ihn bei Allah dem Erhabenen um ein segensreiches Leben, wenn er niest.

---

41   Suhrewerdi: Awariful Ma'arif, Seite 570
42   Suhrewerdi: Awariful Ma'arif, Seite 558

Die Wabe der Liebe stellt sich in den Dienst des Islam

Der Islam wird durch den *Khidmeh* (Dienst) an der Gemeinschaft weiterverbreitet. Dafür muss der Gläubige bereit sein, alles einzusetzen, was er aufzubieten hat: Hab und Gut, Leib und Leben, Frau und Kinder.

Im Edlen Quran heißt es dazu:

„O ihr, die ihr glaubt! Wenn ihr Allah[s Sache] helft, dann hilft Er euch und macht euch standhaft."

(Muhammed 47/7)

Allah dem Erhabenen zu helfen bedeutet, dass man sich auf Seinem Weg engagiert und sich dafür einsetzt, Seine Religion weiterzuverbreiten. Man muss sich also voll und ganz in den Dienst Allahs des Erhabenen stellen.

Der Dienst an der Religion kann nicht von ein paar wenigen Menschen geleistet werden. Wenn er nur von Einzelnen ausgeübt wird, kann er nicht seine volle Wirkung entfalten und bleibt schwach.

Der Einzelne kann nicht viel erreichen. Aber wenn die Gläubigen, die in der Wabe der Liebe engagiert sind, zusammenhalten und ihr Handeln an dem Motto „Gemeinsam sind wir stark!" ausrichten, können sie gewaltige Projekte in die Tat umsetzen.

Damit die Mühen bei der Verrichtung des Dienstes an der Religion nicht verpuffen, sondern an der richtigen Stelle eingesetzt werden, benötigen die Gläubigen Liebe und Zusammenhalt. Beides ist in der Wabe der Liebe vorhanden.

Der große Gottesfreund Ubeydullah Ehrar قُدِّسَ سِرُّهُ sagte:

„Ich habe diesen Weg nicht aus den sufischen Büchern gelernt, sondern indem ich der Gemeinschaft meine Dienste zur Verfügung gestellt habe. Ich stelle meine Dienste jedem zu Verfügung, von dem ich annehme, dass es sich für ihn lohnt."